RÉFLEXIONS

SUR

LA NÉCESSITÉ, L'ORIGINE

ET LES DROITS

DE L'AUTORITÉ.

DÉDIÉES AUX AMIS DE LA RELIGION
ET DU ROI.

> Que toute âme soit soumise aux puissances supérieures, car il n'y a point de puissance qui ne vienne de Dieu ; c'est Dieu qui a établi celles qui existent ; c'est pourquoi celui qui résiste aux puissances résiste à l'ordre de Dieu, et ceux qui résistent attirent la condamnation sur eux-mêmes. *Epit. Rom.* 13, *v.* 1. 12.

Se vend, au profit des Pauvres,

A RENNES,

CHEZ Mme Ve FROUT, IMPRIMEUR-LIBRAIRE, RUE DAUPHINE.

Avec permission et approbation.

AVANT - PROPOS.

CHAQUE jour on voit paraître un nouvel ouvrage dans lequel l'auteur expose les moyens qui lui semblent propres à rendre la France heureuse. J'estime la bonne intention de ces vrais Français, qui veulent arracher leur patrie de cet abîme de maux qui l'ont accablée ; j'estime ces hommes qui ne désirent que le salut de l'Etat, qui communiquent franchement les moyens qu'ils jugent propres à faire réussir la bonne cause, pourvu qu'ils s'en tiennent-là et qu'ils laissent le Souverain gouverner selon ses vues. Parmi tous ceux qui ont écrit dans le dessein d'être utiles à leur pays, beaucoup ont ouvert des avis qui peuvent avoir leur avantage, selon les règles de la prudence humaine, mais qui échoueront néanmoins, si l'on ne remonte plus haut. Pour guérir une maladie, il faut en connaître la cause ; sans cela, quelque bon régime que vous prescriviez au malade, quelque calmant, quelque adoucissant qu'il soit, il ne détruira point le germe du mal, et ne rétablira jamais la santé. On a donné plusieurs moyens de nous rendre désormais heureux et tranquilles.

Ils ont presque tous leur utilité ; je ne les désapprouve pas ; mais on oublie le moyen essentiel, ou du moins on n'en parle que d'une manière trop générale et trop vague. On a fort bien senti que tous nos malheurs viennent de l'irréligion ; persuadés de cette triste vérité, on a dit, il faut rappeler les Français aux véritables principes. Tout le monde convient de cela ; mais on écrit peu pour le faire. Cependant voilà ce qui est indispensable ; il faut détruire l'irréligion par le contraire de ce qui servit à l'établir. Si l'insensé philosophe inonda la France d'écrits impies et séditieux, pour renverser le trône et l'autel, le sage Chrétien doit faire passer dans toutes les mains des instructions religieuses pour détromper les esprits égarés, et les ramener à la vertu. Les Ministres de l'Evangile chargés de faire connaître le vrai, ne doivent pas omettre ce genre de prédication, qui, je me plais à le croire, ne peut manquer de réussir auprès d'un million d'hommes qui attendent la vérité, mais qu'un éloignement habituel des choses saintes, empêche d'aller la chercher dans nos temples. Des voix apostoliques se font souvent entendre dans nos chaires chrétiennes ; mais nos frères égarés ne viennent pas s'instruire ; cependant nous devons désirer que Dieu les éclaire ; nous devons désirer leur salut, nous

(3)

devons y travailler. Et puisqu'ils ne viennent pas à nous, il faut aller à eux ; c'est-à-dire, puisqu'ils ne viennent pas chercher la vérité, il faut la leur envoyer. Ecrivons, on nous lira, et, sans doute, avec la grace, nous aurons la consolation d'en éclairer plusieurs. L'esprit de l'homme, fait pour la vérité, l'aime naturellement, et quelque prévenu qu'il soit contre elle, par les sophismes du mensonge, il y revient quand on la lui montre avec douceur et bonté. Oui, la vérité présentée sans aigreur, reprend ses droits et triomphe presque toujours. Fasse le ciel que je la présente ici, de manière à la faire aimer !

Il n'y a pas une vérité évangélique sur laquelle les Français n'aient besoin de recevoir de fortes instructions ; ils ont besoin même d'être instruits sur l'existence de Dieu ; cette première vérité que tout l'univers annonce, et dont l'idée est si fortement imprimée dans l'âme de l'homme, qu'il ne pourra jamais la perdre totalement. La philosophie du dernier siècle a tout attaqué, tout obscurci ; il faut des instructions sur-tout. Ministres de la Religion, voilà le champ qu'il nous faut défricher ; travaillons-y tous ensemble, que chacun fasse ce qu'il peut ; les plus forts soutiendront les plus faibles, et le ciel un jour sera notre récompense.

Parmi toutes les vérités qu'on a trop méconnues et qu'il faut nécessairement faire paraître au grand jour, il en est une sur laquelle on ne peut trop insister et dont la connaissance pratique nous préservera infailliblement des révolutions désastreuses, nous fera jouir en paix des biens que la Providence semble encore vouloir nous procurer, en nous rendant les Princes de cette Maison qui donna des Saints à l'Eglise, des Rois à la France pour son bonheur et sa gloire, il est une vérité dont la connaissance pratique affermira le trône, et sera le gage de notre prospérité future ; c'est la soumission, l'obéissance à l'autorité légitime. Tout peuple qui reconnaît l'obligation de se soumettre à son Souverain, et qui se soumet effectivement en tout, a bâti sur le roc ; rien ne peut détruire son gouvernement. L'union étroite du chef et des membres, suite indispensable de l'obéissance ; cette union, dis-je, donne à l'Etat une force que rien ne peut détruire. Un ancien assembla ses enfans autour de son lit de mort, leur présenta un faisceau de verges, et leur dit de le briser ; aucun d'eux ne put y réussir. Ce père prend le faisceau, le délie, et chacun aussitôt brise chaque verge sans effort. Voilà, dit alors ce père, la figure de ce qui doit vous arriver. Soyez unis, vous résisterez à tout ; mais si vous vous divisez, on *vous détruira facilement : Cette figure est aussi celle de tous les peuples. Quand une nation est inviolablement unie et soumise à son chef, elle est forte et au-dessus de tous les évènemens humains. Se sépare-t-elle de lui, aussitôt elle devient faible, incapable même de se soutenir; l'expérience a justifié cette théorie. On ne saurait trop le dire, pour rendre une nation forte et heureuse, il faut lui apprendre à s'unir et se soumettre à son chef. Je me propose de le faire, en offrant au public quelques réflexions sur l'autorité souveraine et sur les obligations que nous avons envers elle. Il y a long-temps qu'on devrait savoir à quoi s'en tenir. Il y a long-temps que la Religion a réglé les droits des Souverains et les droits des peuples. Malheureusement on ne veut pas goûter ces anciennes vérités ; il faut, à la honte de l'esprit humain, du nouveau pour le captiver. Ce n'est pas la justesse qu'il désire dans les productions ; c'est du gigantesque qu'il demande. Il traite de rêveries, bonnes pour un siècle d'ignorance, tout ce qu'on lui offre sous le cachet de l'antiquité. Ne lui en déplaise cependant, je ne veux offrir que des vérités connues de tout temps, mais qu'il faut soustraire à cet opprobre dont on a prétendu les couvrir, en les foulant aux pieds. Mon seul but est d'être utile; mon but* est de combattre l'erreur sans injurier personne. Si je ne réussis pas à faire le bien, le désir de le faire, me justifiera aux yeux de tout homme qui veut sincèrement le bonheur de ses semblables. La raison et la foi seront mes guides ; je ne dirai rien de nouveau, on doit bien s'y attendre ; la vérité a toujours été la même ; mon mérite doit être employé à bien présenter ce que la foi et la raison apprirent toujours au monde sous ce rapport. En fait de principes, toute nouveauté est une erreur ; j'espère ne point donner dans cet écart ; je veux suivre les anciens : selon moi, c'est le parti le plus sage et le plus sûr.

RÉFLEXIONS

L'HISTOIRE du monde nous parle de mille révolutions qui ont bouleversé les Royaumes, les Empires, et fait le malheur des peuples. Si ces convulsions, ces secousses affreuses ont tout ébranlé; si ces terribles catastrophes ont déchiré les nations, c'est, je le pense, parce que les hommes ont méconnu ou méprisé les obligations que nous avons tous envers la société, et sur-tout l'obéissance qu'on doit aux Chefs des Etats. Quand les membres d'un corps oublient les devoirs que l'état social nous impose, quand ils veulent sortir de leur sphère en passant les bornes de la subordination, il faut nécessairement que tout s'écroule et que la société périsse. De funestes expériences l'ont assez démontré. Fasse le Ciel que nous ne soyons pas, de rechef, exposés à le prouver au monde. C'est donc pour prévenir un semblable malheur que je me propose de rappeler aux sujets du meilleur des Rois, la nécessité, l'origine de l'autorité souveraine, et les différentes obligations qui en résultent pour tous les membres de l'Etat. Il y a vingt-cinq ans on se moquait de ces vérités, on n'écoutait pas ceux qui les prêchaient; le philosophisme acharné contre le Trône, les traitait de fanatiques, les ridiculisait aux yeux de la nation, pour empêcher que ces ministres pleins de zèle ne fissent apercevoir l'abîme que l'irréligion avait creusé et qui devait engloutir la plus ancienne et la plus belle monarchie. Instruits à l'école de l'expérience et du plus grand malheur, on doit sentir aujourd'hui combien étaient sages et prévoyans ces ministres du Dieu vivant qui, pleins d'amour pour leur religion et leur patrie, dénonçaient avec courage cette conjuration contre le Trône des Rois; combien ils avaient raison de jeter l'alarme et de vouloir étouffer, dans le berceau, le monstre qui dévora tant de victimes. Mais, hélas! Dieu voulait nous punir; on ne les crut point. Un voile épais cachait la lumière; elle était vive, la vérité était sensible, les faits étaient constans, et néanmoins on n'en croyait rien, on ne voulait pas en convenir. Le jour était levé on ne trouvait que des ténèbres, et en plein midi, on marchait comme dans une nuit profonde. (1) Plus prudens et plus sages, puissions-nous y faire plus attention, y attacher plus d'intérêt.

----

(1) Per diem incurrent tenebras et quasi in nocte sic palpabunt in meridie. *Job.* 5. 14.

Nécessité de l'Autorité.

Faits pour vivre en société, persuadés qu'ils ne le pourraient jamais s'il n'existait pas une autorité supérieure pour en maintenir le bon ordre, les hommes reconnurent, dès la première formation des Etats, la nécessité pour chaque peuple d'avoir un chef à sa tête. Ce fait est si constant, qu'on n'a point encore vu de nation qui n'ait eu ses souverains, ses maîtres : les sauvages eux-mêmes ont suivi cet ordre de choses. A cet accord universel personne ne doit méconnaître une disposition naturelle, personne ne peut s'empêcher de dire que les hommes, pour vivre en société, ont pensé qu'il fallait se soumettre à des chefs et leur obéir. Ajoutons que non seulement tel a toujours été le sentiment des nations, mais que telle devait être la marche du monde. Que deviendrait la société si ce principe était méconnu ? Pourrait-elle subsister ? Non. Qu'est-ce qui veillerait aux intérêts de tous les membres qui la composent? Qui vengerait la violation des droits individuels ? Qui réprimerait les perturbateurs, qui maintiendrait le bon ordre, qui réunirait tous les hommes pour n'en faire qu'un même corps, pour former cette unité, cet ensemble sans lequel il n'est point et ne sera jamais de société? Sans une autorité supérieure qui puisse servir de centre, d'un point de réunion, qui influe puissamment sur tout le corps social, l'anarchie la plus affreuse ne désolerait-elle pas la terre? Et le genre humain, loin de former ces royaumes, ces empires, ces différens gouvernemens qui nous offrent un ensemble admirable de civilisation, ne présenterait-il pas la plus grande confusion et l'existence la plus désordonnée? Les résultats sont évidens. S'il n'est pas d'autorité supérieure qui puisse influer sur tous les membres et retenir chaque individu à la place qu'il doit occuper dans l'ordre social, on ne pourra jamais prévenir la dissolution de la société. Il y a parmi les hommes des esprits pétulans, qui ne se plaisent que dans la singularité et dans le désordre, et qui peuvent dans un instant bouleverser le corps dont ils font partie, s'il n'y a pas d'autorité pour leur servir de frein : des égaux ne les retiendront jamais dans les limites du devoir, et ne les y ramèneront pas. Quelque soient les raisons et les motifs, les esprits insubordonnés se croiront toujours en droit de répondre : *Chaque homme est son maître; par quel droit prétendez-vous contrarier nos projets?* Que pourrait-on leur dire, si véritablement il n'existe pas une auto-

rité supérieure chargée de gouverner? Allons
plus loin encore, et disons en général ce que
nous venons de supposer en particulier. Que
tous les membres, emportés par différentes
passions, différens intérêts, se prétendent
libres, veuillent différentes choses absolument
opposées, jugez quels chocs et quel bouleversement dans l'état, la société existerait-elle encore?
Non; l'esprit se refuse à le croire, la bouche
à le prononcer. Reconnaissez vous une autorité
supérieure; admettez-vous un chef qui en soit
le dépositaire; aussitôt tout rentre dans l'ordre;
je reconnais une société, un gouvernement;
je reconnais tout ce qui convient pour se
maintenir et prévenir l'insubordination. Si des
perturbateurs ourdissent des trames crimi-
nelles contre l'Etat, si des scélérats violent les
droits des gens, le chef, fort de sa puissance,
de ses droits, leur ordonne de rentrer dans
l'ordre, de ne pas troubler la paix, et si,
récalcitrans à ses ordres, ils persistent dans
leur audace, il les écrase du poids de son
autorité, les retranche comme des membres
corrompus, qui ne sont plus susceptibles que
de répandre un poison mortel pour le malheur
de leurs semblables. Avec cette influence, le
souverain maintient l'ordre, pourvoit à tout
et fait le bonheur de la société dont il est le
chef. Faudrait-il écrire plus longuement pour

démontrer non seulement les avantages, mais encore l'indispensable nécessité d'une autorité supérieure dans toute la société, conséquemment
dans tous les états du monde? Je ne le pense pas.
Tout homme raisonnable doit sentir ce besoin.
Les anarchistes en conviendront eux-mêmes;
leur propre conduite en est un aveu formel;
s'ils attaquent l'autorité, c'est pour se l'attribuer
ou à leur idole. Il est une question plus inté-
ressante, essentiellement liée à celle-ci; c'est
de fixer l'origine, la vraie source de l'autorité
des souverains qui gouvernent les hommes.
Des esprits à paradoxe nous ont dit cent fois
qu'elle est dans le peuple; nous sommes bien
loin d'admettre un principe aussi faux. Voici
sur cette matière ce que nous en pensons, ce
que tout homme raisonnable et chrétien doit
en penser.

Origine de l'Autorité.

POUR trouver la vraie source de l'autorité,
il ne faut pas la chercher dans les différentes
constitutions qui régissent les états. Ces constitutions, plus ou moins parfaites, selon le

plus ou moins de capacité qu'avaient ceux qui les ont données ou rédigées, ces différentes constitutions peuvent bien faire connaître le mode qu'on a suivi dans l'exercice du pouvoir ; mais elles n'établissent point l'autorité, et conséquemment n'en sont pas la source : elles n'en sont au contraire qu'un écoulement. Pour donner une constitution à un état, il faut qu'il préexiste une autorité qui puisse la proposer et ait le droit de la donner. L'autorité qui la donne peut être différente, selon les différens pays; mais, enfin, il en faut une, quelle qu'elle soit, pour régler l'exercice du pouvoir : on ne saurait régler l'exercice d'une autorité qui n'existe pas.

Que des souverains, de leur propre volonté, ou d'un commun accord avec les premiers de la nation, aient donné des constitutions conformément auxquelles ils doivent gouverner ; que des sujets révoltés les aient violemment obtenues, cela peut-être ; mais de quelque manière qu'elles aient été données, elles n'ont jamais créé l'autorité. Les hommes ne donnent point la puissance souveraine; c'est Dieu seul qui en dispose. Les hommes peuvent bien, dans des circonstances légitimes, se choisir un maître ; mais alors même ce chef ne reçoit point l'autorité de ses électeurs; il la reçoit de Dieu seul : toute puissance vient du ciel.

Tel est le langage de la religion, langage bien plus sûr que celui des hommes ; langage, d'ailleurs, que la saine raison ne désavoua jamais ; que dis-je, langage auquel on ne peut s'empêcher d'applaudir, quand on cherche la vérité sans préjugés et sans passions. Des impies trouveront peut-être bien singulier de nous entendre dire, avec l'Evangile, que la souveraine puissance vient du Ciel ; soit. Nous n'ignorons pas qu'ils n'ont jamais voulu reconnaître ce principe, qui rend le trône si ferme et l'autorité si respectable ; nous n'ignorons pas qu'ils ont tout fait pour anéantir, ou du moins obscurcir, cette maxime, aussi ancienne que le monde ; nous n'ignorons pas qu'ils voudraient bien nous voir, comme des chiens muets, n'oser parler, mais ensévelir cette vérité dans un silence éternel, afin qu'ils pussent encore abuser de la crédulité ignorante du peuple. Ne leur en déplaise, nous parlerons ; pour relever les murs de la sainte Cité, nous nous présenterons courageusement à la brèche, pour défendre l'autorité ; et en dépit des prétendus philosophes, nous rappellerons toujours aux hommes que c'est en Dieu, et en Dieu seul, qu'il faut en chercher le principe et la sanction. Puissé-je rendre la chose sensible pour tous, en exposant le veritable état des choses.

Pour parler sur l'origine de la puissance souveraine, il faut remonter au moment même de la création et assister, pour ainsi dire, en esprit, au conseil de la Sainte Trinité qui, dans ce jour, prescrivait à la nature humaine l'ordre qu'elle devait observer, la marche qu'elle devait suivre sur la terre ; de même qu'un observateur remonte le fleuve pour connaître la véritable source, de même il faut remonter jusqu'au berceau du genre humain pour découvrir l'origine de l'autorité des chefs qu'il doit avoir; placés à cette époque, éclairés par le flambeau de la foi et de la raison, nous apercevons comment tout s'est établi et quel sont les droits que chaque être a reçus de son Créateur, et en particulier les droits des Souverains.

Lorsque le moment de la création fut arrivé, l'Eternel fit sortir du néant ce monde admirable dont la structure étonnante, la marche régulière prêchent si éloquemment la grandeur et la puissance du sublime architecte qui en conçut et en exécuta le dessein. A peine cet univers merveilleux existait-il, que le Seigneur, plein d'admiration pour son ouvrage, créa l'homme pour l'habiter et pour en être le chef. L'homme, sorti des mains du Créateur, ne fut pas jeté dans le monde pour y vivre seul,

(1) Dieu le fit pour la société. Voilà ce que dit la religion, et quand elle n'en parlerait pas, la raison seule nous l'apprendrait. Toutes nos inclinations naturelles nous rappellent à cet état, nous disent que nous ne sommes point faits pour vivre séparés les uns des autres ; les besoins que nous éprouvons dès l'enfance, dans l'âge mûr et jusque dans la vieillesse, nous montrent que nous devons avoir des rapports avec nos semblables. L'état social est celui qui nous convient si évidemment que les hommes se sont toujours réunis, soit en famille, soit en royaume, soit en empire, soit d'une autre manière, mais toujours en corps de société.

Qui dit *société*, dit une réunion d'individus qui ont tous rapport les uns avec les autres, et des obligations réciproques. La réunion peut être, plus ou moins nombreuse, mais quelqu'en soit le nombre, elle forme une véritable société. La première qui ait existé est celle du premier homme et de la première femme. Dieu lui-même en fut l'auteur, il voulut, sans doute, que tous les hommes sortissent de cette souche commune, pour les rendre tous frères, leur montrer la grande union qui devait régner entr'eux, puisqu'ils ne for-

---

(1) Non est bonum esse hominem solum. *Gen.* 2. 18.

meraient

meraient tous ensemble qu'une seule famille répandue dans tout l'univers, j'en conviens ; mais il voulut aussi, je le pense, faire voir aux hommes la subordination qu'ils devaient tous avoir pour ceux qui seraient leurs chefs, par l'exemple de cette subordination que la nature mettait dans les enfans, à l'égard du premier homme.

Expliquons-nous : Adam, père des hommes, était naturellement le chef de tous ceux qui lui devaient le jour ; et, sans doute, ils lui devaient tous une entière soumission. Adam était le Roi de sa famille. Tel fut le premier ordre de chose un gouvernement monarchique qui se perpétua comme je vais le dire.

Il serait à désirer que nous eussions des matériaux qui constatassent comment la monarchie passa de la première famille à toutes les sociétés qui se formèrent ensuite ; comment chaque société fut fidèle à maintenir cet ordre de chose établi par Dieu, et comment il arriva que plusieurs sociétés dérogèrent à cette forme de gouvernement pour en établir une autre. Ces matériaux, s'ils existaient, jeteraient un grand jour sur cette obscurité qui voile les premiers âges du monde : nous sommes réduits à les désirer. Les historiens ne nous ont rien transmis, ou plutôt la Providence a jugé convenable de nous laisser ignorer beaucoup de choses, afin d'humilier l'orgueil de l'homme qui voudrait tout savoir. Moyse, le plus ancien et le plus sûr historien que nous puissions consulter avec confiance ; Moyse inspiré de Dieu pour écrire ce qui s'était passé depuis la création jusqu'à sa mort, Moyse ne nous donne pas lui-même d'explications sur le sujet que nous traitons (1) ; il nous apprend tout au plus que les hommes trop nombreux pour habiter le même endroit, se séparèrent pour aller habiter différens pays et former différentes colonies ; mais il ne dit point quel fut leur Gouvernement. Quoiqu'il en soit, il faut débrouiller ce cahos, pour suivre la marche du genre humain. La chose est assez difficile; mais avec ce que la foi et la raison, l'histoire sainte et profane nous disent, voici, je le pense, l'idée qu'on doit se faire des premières sociétés et des premiers gouvernemens.

Adam, père du genre humain, fut le chef et le roi de toute sa famille, tandis qu'elle put habiter avec lui. Devenus trop nombreux,

______

(1) Moyse ne dit pas comment se fit la première séparation ; et sur celle d'après le déluge, il dit seulement que Dieu les dispersa en différens pays : *Dispersit et divisit eos in universas terras.* Gen. 11, 8 et 9. Pindare nous apprend que les anciens disaient que la Providence avait présidé à cette dispersion. *Olymp. od.* 7.

ses enfans furent obligés de s'éloigner pour aller habiter une autre terre. Ces séparations se firent par familles, selon les vues de la Providence et non pas au hasard. Celles - ci allaient dans un pays, celles-là dans un autre ; mais chacune partait sous la conduite d'un chef investi de toute l'autorité qu'Adam exerçait sur tous ses descendans, c'est-à-dire, chaque père lui - même, par le droit naturel, fut chef de la famille qu'il conduisait dans une autre contrée, ou bien, si vous le préférez, Adam comme chef du genre humain, chargé de tous ses intérêts, envoyait lui-même une colonie dans un pays que Dieu avait fixé pour l'établissement d'un peuple. Il disait au père de cette famille ou à celui qui en tenait la place : *Allez, exercez mes droits sur ce peuple qui va se former ; transmettez cette autorité à vos descendans* (1). De cette manière chaque famille, transplantée sous un autre ciel, devenait une nouvelle monarchie. Ainsi se perpétuait et devait se perpétuer cette forme de Gouvernement que Dieu lui - même avait établie et qui devait naturellement résulter d'un ordre de chose dans lequel tous les hommes

____

(1) La séparation se fit, sans doute, tandis qu'Adam vivait encore. Sa vie fut de 930 ans. Pendant neuf siècles les hommes s'étaient certainement trop multipliés pour rester dans le même pays.

sortaient d'une même source, d'un même mariage, d'une même société. A suivre ce plan, selon moi bien raisonnable et le seul qui convienne aux idées que la Religion nous donne du premier état du monde, il paraît que la monarchie était non seulement le gouvernement qu'on devait admettre; mais qu'elle était effectivement admise dans toutes les différentes peuplades, ou du moins dans le plus grand nombre, comme elle l'a toujours été chez les peuples les plus sages.

Je ne saurais dire précisement quand on a commencé à méconnaître cette institution primitive, quand on a d'abord renoncé à la monarchie; ce qu'il y a de sûr, c'est qu'on y a renoncé dans certains pays. L'histoire des peuples nous offre plus d'une forme de gouvernement : comment cela s'est-il opéré ? Essayons encore de percer les ténèbres qui nous cachent la véritable formation des divers gouvernemens du monde. Disons encore ici ce qu'il y a de plus raisonnable. Les différens gouvernemens qui ont remplacé la monarchie primitive, se sont établis par différentes causes. Différentes institutions ont dû, ou pour le moins, pu être vicieuses dans leur origine, soit parce qu'elles étaient contraires au premier ordre de chose établi par le Créateur, soit parce que, pour les former, il fallait presque nécessairement blesser les droits d'une autorité pré-existante , le plus ou le moins de vice que ces nouvelles institutions offrirent , dépendait du plus ou du moins de légitimité dans la manière dont elles se formaient et qu'on peut examiner dans la note ci-jointe. (1) En considération du Créateur , selon toutes les lumières de la raison , les hommes devaient respecter la première forme de Gouvernement qu'il avait donnée et conserver soigneusement la monarchie dans toutes les sociétés, à mesure qu'elles se formaient. Innover en cela , était un véritable désordre. Que cette démarche ne nous

---

(1) Voici quelques-unes des hypothèses qu'on peut faire : une société perdant un chef qui ne laissait point de postérité , put choisir plusieurs membres pour exercer l'autorité qu'un seul possédait auparavant , put établir un gouvernement, soit démocratique , soit aristocratique , soit républicain , selon les passions qui l'agitaient alors. Seconde hypothèse : Un peuple se sera révolté contre son souverain , et lui aura fait partager sa puissance , avec un ou plusieurs autres ; on pourrait encore faire mille autres suppositions qui se rapprochent de celles-ci. Mais quelques furent les causes de ces nouveaux gouvernemens, ils avaient tous un vice radical , celui de changer la monarchie établie primitivement. La monarchie est la meilleure forme de gouvernement, soit parce qu'elle se rapproche du gouvernement paternel , soit parce que Dieu l'avait choisie pour la société humaine. On vante la liberté des républiques, on se trompe ; le peuple est cent fois plus libre et plus heureux sous la monarchie.

étonne pas; les hommes étaient bien susceptibles de déroger à cette institution primitive, quand ils allaient au point d'oublier le vrai Dieu, pour adorer la créature. Cependant quelques vicieuses que fussent ces nouvelles institutions dans leur principe, une fois le changement opéré, une fois l'institution complétement formée, maintenue par le concours de toutes les volontés, fortifiée par une longue durée de temps, ce nouveau gouvernement acquérait une espèce de légitimité qui consacrait, éternisait son existence ; et parce que toutes les volontés approuvaient cet ordre de chose, et parce qu'il n'était plus possible de rétrograder, de retourner au premier mode sans exposer la société aux dangers et aux malheurs qui suivent infailliblement toutes les révolutions, et parce qu'enfin Dieu ayant mis *seul* l'autorité dans la main de ces nouveaux chefs, personne n'avait le droit de la leur arracher, et conséquemment quiconque eut osé l'entreprendre, eût été par le fait même, ennemi du corps social et coupable de lèze-majesté.

C'est ici qu'il faut rappeler un principe que j'ai seulement indiqué plus haut, et qui montre l'origine véritable de l'autorité, non seulement de la monarchie, mais de tous les autres gouvernemens qui se formèrent dans les premiers

siècles ; rappeler que c'est Dieu lui-même qui a
donné des chefs aux nations (1) et que toute puissance vient uniquement du ciel ; qu'elle est conséquemment indépendante des hommes ; qu'elle
n'est pas à la disposition des sujets , en sorte
qu'ils puissent la retirer aux Souverains ; c'est aux
hérétiques du seizième siècle, aux philosophes du
dernier qu'il appartient de dire, que l'autorité
vient des hommes, que les Rois sont les man-
dataires du peuple ; qu'ils tiennent leurs pou-
voirs du peuple , et que le peuple comme
souverain , peut détrôner son roi quand bon
lui semble ; blasphème affreux que l'Esprit-
Saint anathématise (2) ; doctrine scandaleuse
et anarchique, que le grand Bossuet a victo-
rieusement combattue contre les ministres
de la prétendue réforme , et que nos écrivains
ont également bien refutée pour fermer la
bouche à tous ces prétendus philosophes , la
honte du dix-huitième siècle , disons plus,
l'écume de tous les âges ; à ces philosophes
qui après avoir juré la chûte de tous les
trônes, inondèrent la France , l'Europe même
d'ouvrages empoisonnés , dans lesquels ils

---

(1) In unamquamque nationem posuit rectorem.
Eccl. 17 , 24.

(2) Non est enim potestas nisi à Deo. Quæ sunt , à
Deo ordinata sunt , qui autem resistunt damnationem
sibi acquirunt. *Rom.* 13. 1.

flattaient les nations , pour les révolter contre les Rois, dans lesquels on osait dire à la France : *Le peuple est souverain , le Roi n'est que le premier fonctionnaire public de l'Etat* (1).

Cette proposition est une erreur dangereuse en politique , une hérésie en religion. Non , rien de plus désastreux pour la société que ce principe de la souveraineté du peuple; avec lui rien de stable dans l'etat. Si le souverain vient à contrarier des sujets qui se croient la source du pouvoir qu'il exerce, ceux-ci ne pourraient-ils pas résister et lui dire : « Nous » vous avions établi notre chef, et chargé » d'exercer nos droits en gouvernant pour

____

(1) Les écrits subsistent encore ; on peut vérifier les faits. Ici une chose me choque singulièrement, c'est de voir de semblables ouvrages conservés dans les bibliothèques, et de voir encore dans les mains de tout le monde, les livres qui renferment cette doctrine anarchique. Quels seront les principes des jeunes gens imbus de ces lectures? Je verrais avec plaisir flétrir tous les ouvrages corrupteurs et les retrancher de nos bibliothèques. On perdrait quelques livres de littérature ; mais nous ne resterions pas sans chefs-d'œuvre. Voltaire , Rousseau, etc., ne sont pas les pères du génie ; nous aurions encore leurs maîtres.

» nous; mais, puisque vous contrariez nos
» volontés, nous vous déclarons déchu de
» 'a puissance que nous vous avions commu-
» niquée, et nous la communiquons à un
» autre. » Que deviendrait un état avec ce
faux principe ? Il serait continuellement en
révolution, et conséquemment toujours malheureux. On me dispensera sans doute d'en
faire sentir la vérité : depuis que le protestan-
tisme a semé cette épouvantable doctrine dans
l'Europe, l'expérience l'a suffisamment démon-
trée. Qu'on lise l'histoire de France, des Pays-
Bas, d'Angleterre et d'Allemagne, et l'on saura
si ces nations ont goûté les douceurs de la
paix, si leurs gouvernemens ont été paisibles,
stables, depuis qu'instruites à l'école de la
réforme, quelques têtes égarées ont pensé que
*le peuple était souverain, et que la révolte
contre les Rois était un devoir.* Un coup-d'œil
sur cette partie de l'histoire Européenne, me
justifiera d'avoir dit que cette doctrine est un
principe dangereux en politique, et que tout
livre qui l'enseigne mérite d'être lacéré par la
main du bourreau.

Ce n'est pas encore le seul inconvénient de
ces faux principes; comme je parle à des chrétiens, et sur-tout à des catholiques, on doit
observer que cette doctrine est une hérésie :
la religion catholique croit et enseigne positive-

ment le contraire. (1) De cette religion voici l'invariable langage : Toute puissance vient de Dieu; les peuples sont des sujets, les Rois sont des maîtres; les peuples sont des enfans, les rois sont leurs pères; les rois doivent commander, les peuples doivent obéir; les rois sont les ministres du Seigneur auprès des hommes : c'est Dieu seul qui leur donne l'autorité et la puissance. C'est moi, dit l'Eternel, qui fait régner les rois. (2) Quand j'entends ces paroles, et que je vois l'Eglise enseigner unanimement cette doctrine comme un dogme de sa foi, je ne puis m'empêcher de regarder comme hérétique quiconque ne dit pas, avec Tertulien et S. Irenée: « A Dieu seul appartient
» le droit de placer les princes, comme de créer
» les hommes; quiconque n'ajoute pas, avec S.
» Augustin, n'attribuons qu'au vrai Dieu le
» pouvoir de donner les royaumes et les
» empires; quiconque ose dire le peuple est
» souverain. » C'est en effet, selon moi, fronder l'enseignement catholique, le seul plausible, le seul véritablement raisonnable. Recourir, comme nos philosophes, au prétendu contrat

---

(1) Il est bon d'observer comment l'Eglise catholique, en enseignant le contraire, est le plus ferme appui du trône et le vrai ami du peuple.

(2) Per me Reges regnant. Prov. 8. 15.

social, pour y fixer l'origine de l'autorité, c'est courir après une chimère. L'histoire du monde n'a jamais parlé de cette stipulation prétendue; elle n'est que dans leurs têtes : pour nous la faire admettre, il nous faut d'autre preuve que la parole d'un philosophe. Ces insensés pensent peut-être que leur ton d'assurance à citer un fait, tiendra lieu de démonstration : ils se trompent. Il y a long-tems que nous connaissons leur langage; oui, nous savons qu'ils ne parlent jamais plus haut et d'un ton plus décidé que lorsqu'il s'agit d'appuyer un mensonge. Loin donc de courir avec eux après un contrat chimérique, convaincus et persuadés qu'on n'en trouve pas même l'apparence dans toute l'antiquité; instruits par la raison, forts de la vérité, nous leur répondrons : L'homme n'a point fait le contrat social ; c'est le Créateur qui, nous destinant à la société, en a posé les bases et les a sanctionnées indépendamment de la volonté humaine ; c'est Dieu qui a mis dans la société l'autorité nécessaire pour la gouverner et la maintenir, et qui ordonne à tous les membres de s'y soumettre, sans pouvoir stipuler, ayant lui-même réglé les obligations et du chef et des membres. Ce qui trompe les inventeurs *du contrat social,* c'est de s'imaginer que les hommes naissent égaux, libres, indépendans, et doivent vivre dans l'indépendance, l'égalité et la liberté. Sans doute, ils sont égaux aux yeux de Dieu, qui ne voit en tous que ses créatures, ses enfans, auxquels ils départ ses graces, selon les vues de sa Providence; sans doute, un homme, à considérer la nature humaine, et sans rapport à aucun état, est l'égal d'un autre homme; mais, considérés dans l'ordre social, les hommes ne sont point égaux. La société a nécessairement besoin d'une autorité supérieure pour se maintenir; nécessairement les uns doivent commander, les autres doivent obéir : telle est essentiellement la nature de la société, antérieurement à toute stipulation, toute volonté humaine; tel est l'ordre auquel nous devons nous soumettre. L'homme, en naissant pour être membre de la société, n'est point né libre et indépendant; Dieu lui impose l'obligation de faire partie de l'ordre social, et de remplir les devoirs attachés à la place qu'il y occupe. Voilà comment nous avons contracté des obligations; voilà comment les souverains en contractent avec leurs sujets, et ceux-ci avec leurs maîtres; non dans ce sens que la volonté des uns ou des autres y soit intervenue, mais plutôt parce que Dieu, créateur de la société humaine, a réglé les devoirs réciproques des chefs et des membres, en imposant à ceux-ci l'obligation d'obéir, en donnant à ceux-là l'autorité de commander et de gouverner avec justice. Chercher une autre source de l'autorité souveraine, et de la soumission qui lui est due, c'est errer; il faut remonter jusqu'à Dieu. Sans cela, toutes nos vues en politique seront fausses, et deviendront infailliblement dangereuses.

Droits de l'Autorité,

ou

Devoirs des Peuples.

IL ne suffit pas aux membres de la société, aux hommes d'un gouvernement quelconque de connaître spéculativement l'existence et l'origine de l'autorité supérieure sous laquelle ils se trouvent, il faut, en outre, qu'ils sachent quelles sont les obligations qui en résultent pour eux. Manque de cette connaissance, ils ne les rempliraient pas; ne les remplissant point, la société, l'état serait exposé aux plus grands dangers. Puissions-nous contribuer à les prévenir en rappelant aux sujets leurs devoirs envers les souverains; puissions-nous particulièrement contribuer à les prévenir, pour la France, en gravant profondément dans tous les cœurs la juste idée des devoirs du Français envers Sa Majesté. On ne trouvera pas mauvais, sans doute, que nous écrivions sur les devoirs du peuple envers son Souverain, après une époque où l'on a tant écrit pour les lui faire méconnaître, dans un temps, sur-tout, où l'on peut encore chercher à l'égarer ; et, d'ailleurs, à qui appartient-il de faire connaître la vérité ? A qui appartient-il de former de fidèles sujets ? N'est-ce pas aux ministres de l'évangile ? Ceci est incontestable : conséquemment instruisons, et ne nous bornons pas à verser des larmes stériles. Quiconque se sent du zèle pour le bonheur de ses semblables et pour la gloire de Dieu, que l'oubli des devoirs outrage, doit faire tous ses efforts pour contribuer à rétablir le bon ordre.

Les dispositions humaines se sentent toujours de la faiblesse de ceux qui les ont conçues qui les exécutent et veulent les rendre stables. Conséquemment pour établir le bon ordre d'une manière fixe et durable, il faut se rattacher à quelque chose de plus solide, bâtir sur un fondement ferme, c'est-à dire, pour parler sans figure, il faut élever sur les bases antiques de la religion, de cette religion éternelle qui voit tout périr sans changer. Les dignes députés de la nation, qui, dans ce moment, secondent notre Roi d'une manière si glorieuse pour l'autel, le trône et la France, viennent de rendre hommage à cette vérité, en déclarant qu'il faut s'en rapporter à la religion pour ramener en France la justice et le bonheur que le crime en avait exilés. Elle seule, en effet, peut nous rendre la saine morale; elle seule peut sur-tout nous montrer l'étendue de nos devoirs envers nos souverains, et nous obliger à les remplir. La raison nous donne bien une certaine idée de ce que nous devons aux princes ; mais la religion est beaucoup plus claire et plus sûre : souvent la raison nous égare. Lorsque l'intérêt ou l'orgueil, lorsqu'une passion quelconque est blessée par le devoir, l'esprit s'aveugle pour soutenir la rébellion du cœur : la raison en général ne nous servira donc pas de guide; mais la raison éclairée par la foi.

Il ne faut pas faire de grandes recherches pour connaître l'étendue de nos devoirs envers les souverains ; sans observer que l'âme bien née les trouve, jusqu'à un certain point, écrits dans son cœur, on peut dire qu'il n'est peut-être pas de vérité sur laquelle la religion soit aussi claire que sur celle-ci. Qu'on ouvre le code de ses dogmes et de sa morale, on y trouvera les différentes obligations des sujets envers leur Roi, et toutes si clairement énon-cées qu'il est impossible de s'y méprendre. Respecter son prince, lui obéir, lui payer les tributs, l'aimer, prier pour lui; voilà, dit la religion, les devoirs de l'homme et du chrétien.

Le premier de nos devoirs envers les rois, c'est un profond et religieux respect. Tout homme raisonnable sait que la vénération doit environner le chef d'un état; son caractère l'exige; il en a besoin pour faire le bien. Les Payens eux-mêmes l'ont senti, au point d'adorer, pour ainsi dire, leurs rois, pendant leur vie et après leur mort. « Une loi de l'état, disait » à Thémistocle, Artaban, lieutenant de Xercès, » est d'adorer, en la personne du Roi, l'image » de Dieu, qui conserve toutes choses. » Tel fut, dans les plus anciennes monarchies, jus-qu'où les hommes portèrent la vénération pour les princes ; sans doute, parce qu'ils voyaient en eux les ministres que le Seigneur avait établis à la tête des nations, et sur le front desquels il avait imprimé un caractère de cette majesté souveraine, qui commande le respect et la crainte. C'est en effet comme des ministres de Dieu que la religion les considère (1) : c'est particulièrement sous ce rapport qu'elle nous ordonne de les honorer. Elle pense que les souverains tiennent de si près à la divinité, qu'après nous avoir dit de craindre le Très-Haut, elle nous ordonne de craindre et d'honorer la

____

(1) **Dei enim minister est.** *Rom.* 15 , 3 , 4 , 5.

majesté

(33)

majesté royale (1). Veut-on sentir plus clairement comment il est juste de recommander
ainsi le respect envers les rois, qu'on se fasse
une idée de leur puissance, de leur grandeur,
de leur dignité. Que sont-ils ? Les images de la
Divinité. Expliquons - nous : De même qu'un
Dieu juste envers toutes ses créatures, se
réserve de rendre à chacun selon ses œuvres,
dans l'autre vie, et d'exercer alors sa justice
par lui-même, de même sur la terre les Rois
sont chargés de maintenir le bon ordre dans
la société, de punir le crime, de récompenser
la vertu et d'annoncer ainsi au monde que
l'Eternel dont ils sont les ministres, jugera
tous les hommes, comme chaque Roi juge
tous ses sujets. Les princes ne sont pas uniquement l'image de la justice, mais encore
de la bonté Divine; et de même que Dieu
cherche à rendre toutes ses créatures heu-
reuses, de même ils doivent faire le bonheur
de leurs peuples et en être les pères; pourvoir
au besoin de tous les membres de l'état, comme
la Providence veille aux intérêts de tous les
hommes ; enfin, pour finir le tableau, de même
que Dieu est le souverain maître du monde,
de même les Rois peuvent tout dans leur
empire, pour conduire les peuples, leur faire

______

(1) Time Dominum, Fili mi, et Regem. *Prov.* 24, 21.
Deum timete, Regem honorificate. 1 *Petr.* 2, 17.

3

des lois, les obliger de s'y soumettre. O sublime grandeur! quelle est noble la majesté des Rois; elle les assimile pour ainsi dire au Très-Haut! elle les rend la vive image de la Divinité! Je ne m'étonne plus que la Religion les appelle les oints du Seigneur, et qu'elle ordonne de les honorer. Les mépriser, ne serait-ce pas mépriser Dieu lui-même qui les a sacrés et placés à la tête des nations? Peuples, honorez vos Rois, c'est le Seigneur qui l'ordonne.

Deux autorités gouvernent le monde; l'autorité sacerdotale et l'autorité royale. L'une est chargée des consciences, de les diriger dans le spirituel, et de les conduire à la possession éternelle du vrai bonheur; l'autre est chargée des hommes, pour toutes les choses temporelles; leurs fonctions sont différentes; l'origine est la même, l'une et l'autre vient de Dieu, l'une et l'autre est sacrée et inviolable, parce que les dépositaires de l'une et l'autre autorités, c'est-à-dire, les Pontifes et les Rois sont les oints du Seigneur; c'est des uns et des autres que l'Esprit-Saint nous parle, quand il dit : *Prenez garde d'outrager les oints du Seigneur* (1); *ne les touchez pas*. Qui oserait désormais nous dire encore qu'on peut injurier les Souverains, porter la

---

(1) Nolite tangere Christos meos. *Ps.* 104, 15.

main sur ces personnes sacrées, s'établir leurs juges et prononcer contre une tête couronnée, une sentence quelconque , et sur-tout une sentence de mort ?.... Des monstres seuls pourraient le faire, comme des monstres ont pu l'entreprendre dans les différens âges. Malheur , oui, malheur à celui qui oserait le tenter et manquer à ce point à la majesté des Rois ! Maudit de Dieu, maudit des hommes, semblable à Caïn, il portera le caractère de la malédiction divine. Faire périr un Roi , l'image de la Divinité ! c'est le comble de la scélératesse. Faire périr un ministre des autels , c'est le premier crime; *mais la mort d'un souverain est le second.* A Dieu ne plaise , s'écria David , dans une occasion où il pouvait impunément et facilement ôter la vie à Saül; à Dieu ne plaise , s'écriait il, que je porte ma main sur lui, *c'est l'oint du Seigneur* (1). Ah ! si un homme déjà sacré Roi pour remplacer Saül, regarde comme un abomination , de porter la main sur ce malheureux Prince , s'il se reproche même de lui avoir coupé un morceau de son manteau , quoique sans mauvaise intention , un simple particulier, un sujet osera-t-il se croire en droit d'injurier ou de faire périr

---

(1) **Propitius sit mihi Dominus.... Ut mittam manum meam in eum ; quia Christus Domini est.** 1 *Reg.* 24 , 7.

son Prince ? C'est une honte pour la raison humaine, qu'on ait osé le penser, l'entreprendre et le réaliser. Raison humaine, que deviens-tu, quand les passions t'égarent ?

On ne saurait en trop dire, pour imprimer dans tous les esprits et dans tous les cœurs un profond respect pour la majesté du Chef de l'Etat, pour relever la Majesté Royale, pour en faire concevoir une juste idée. L'on a tout fait pour l'avilir, dans l'espérance de l'anéantir : *Indè mali labes.* Quand les peuples ne sont plus frappés de l'éclat du trône, et qu'ils n'y voient que leur égal, que devient le Prince ? L'expérience me dispense de répondre. Je prends acte du passé ; je m'appuie sur les faits, et je dis à tous ceux qui par état, peuvent influer sur la morale, sur l'opinion publique, aux Ministres de la Religion, aux magistrats, aux pères, aux instituteurs de la jeunesse. Rappelons sans cesse aux hommes, que nous pouvons diriger ; rappelons-leur qu'ils doivent considérer le Chef de l'Etat, et en particulier notre Roi, comme l'image de la Divinité, qu'on lui doit tout respect et toute vénération. Rappelons-leur ce qu'on ne leur dit point assez souvent, que la moindre injure envers le trône, est un crime ; qu'on ne doit point composer et lire des libelles infâmes contre l'administration ou la personne des

Souverains ; qu'on ne doit jamais repandre ces chansons satiriques, ces peintures dérisoires des princes, et ne pas se faire un jeu de ces plaisanteries, insultant l'autorité. Rappelons, où s'ils ne l'ont jamais sû, apprenons-leur que nous devons également respecter tout ce qui tient à leur dignité; leurs ordonnances, et que nos mains ne soient pas assez viles pour les déchirer ; leurs ministres, c'est-à-dire, tous ceux qui travaillent au nom du Roi, que l'esprit ne soit pas assez méchant pour mal interpréter leurs intentions, la langue assez perfide pour déchirer et calomnier leur conduite. Rappelons-leur qu'un respect hypocrite n'est point celui qu'on doit au Souverain ; mais qu'il doit être au fond de l'âme, en sorte que pour se conformer à la Religion, on ne parle et ne pense même pas mal de son Prince (1) ; qu'on élève la jeunesse dans ces sentimens ; qu'on les inspire à tous les sujets ; une crainte respectueuse environnera le trône, des mains sacrilèges ne tenteront jamais de le renverser. On nous accusera peut-être de flatter les Rois, en disant qu'ils sont les images de la Divinité, les lieutenans de Dieu ? Non, nous nous bor-

____

(1) Principi populi tui non maledices. *Exod.* 22 , 28. In cogitatione tuâ Regi ne detrahas. *Eccl.* 10 , 20.

nons à dire la vérité. Sans doute, cette pre-
rogative est bien honorable ; mais elle n'est
pas si flatteuse comme on voudrait le faire
entendre. Il ne faut pas oublier que si la Religion les regarde comme les ministres de Dieu,
elle leur impose aussi de grandes obligations
et une responsabilité effrayante. En lisant les
droits sacrés des Rois, qu'on jette un coup-
d'œil sur leurs devoirs, on verra si leur posi-
tion est si flatteuse, et pour me servir de
l'expression de l'immortel Louis XVI : *Si ce
n'est pas un malheur d'être Roi.* Arrêtons, je
sortirais de mon sujet ; il ne m'appartient pas
d'exposer ici les devoirs des Rois, et à personne d'examiner s'ils les remplissent ; ils ne
sont responsables qu'à Dieu dont ils tiennent
la place. Que les sujets se pénètrent bien de
ces vrais principes ; ils vivront heureux à l'abri
du trône qu'ils sauront respecter.

Le véritable respect ne reste point oisif.
Un fils respectueux envers son père, ne pen-
sera jamais à lui résister ; une créature respectueuse envers son Dieu, observera sa loi.
On peut obéir à un chef, à un maître, sans
le respecter ; mais on ne saurait le respecter,
sans lui obéir. On sent, je le crois, que le
respect emporte nécessairement la soumission
par-tout où le devoir la demande. Conséquemment, les peuples doivent obéir à leurs Sou-

verains, s'ils veulent prouver qu'ils les hono-
rent. Indépendamment de la vénération qu'on
leur doit, l'obéissance est un devoir. Ici la
religion et la raison n'ont encore qu'une voix;
que veut dire l'évangile, quand il commande
de rendre à César ce qui appartient à César (1);
quand il nous ordonne d'être soumis aux
puissances (2); quand il condamne au supplice
éternel, l'audacieux qui se révolte contre l'autorité (3) ? Ce langage prêche-t-il autre chose
que l'obéissance? La conscience ne s'y trouve-
t-elle pas engagée ? Et n'est-il pas évident que
la révolte est un crime ? D'ailleurs, pourquoi
un prince est-il à la tête du peuple ? Pourquoi est-il le chef de l'Etat, si ce n'est pour
commander et pour conduire ? Dire le contraire, c'est évidemment prêcher l'anarchie.
Oui, malheur à la société qui se croit dispensée
de l'obéissance envers son chef; elle deviendra
tôt ou tard, mais infailliblement, la victime de
son insubordination. Une fois la soumission
méconnue, chaque membre, chaque individu

(1) Reddite quæ sunt Cæsaris, Cæsari. Matth. 22, 21.

(2) Omnis anima potestatibus sublimioribus subdita
sit. *Rom.*

(3) Qui autem resistunt damnationem sibi acquirunt.
Rom. Subditi estote omni creaturæ propter Deum : sive
Regi tanquàm præcellenti sive ducibus tanquàm ab eo
missis. 1 *Petr.* 2, 13 et 14.

voudra devenir le maître ; alors les chocs les plus violens, les secousses les plus affreuses ; alors la révolution la plus funeste ; les inimitiés, les haînes, les vengeances, les guerres civiles en seront nécessairement la suite ; alors tous les maux et la ruine de la société même. Quand sur un vaisseau qui vogue sur une mer orageuse, personne ne veut obéir au pilote, on va souvent échouer contre des écueils où l'on trouve tous la mort ; de même quand dans un gouvernement on ne veut plus obéir au souverain, que chacun s'attribue le droit de gouverner, le vaisseau de l'Etat dépourvu de son pilote, fait nécessairement naufrage. Que dans une armée les soldats et les officiers n'obéissent plus au général, veuillent tous commander, aussitôt elle se désorganise, se mutine et se rend incapable de faire face à l'ennemi quand il vient à se présenter. De même aussi lorsque dans un royaume les sujets ne veulent plus obéir à leur Roi, mais veulent juger ses lois avant de les observer, veulent lui prescrire la manière de gouverner, on ne voit que des troubles et des secousses qui finissent par un bouleversement général et par le malheur de ces aveugles sujets qui voulurent commander, tandis qu'ils devaient se borner uniquement à l'obéissance. Que cette considération apprenne à tous les peuples

combien il est important pour leur conscience et pour leur bonheur de ne jamais se
révolter contre les Rois. Faudrait-il pour les
en convaincre, entrer dans un plus grand
détail, et à la solidité des raisons précédentes,
ajouter la force irrésistible des faits les plus
avérés? Je les renverrais à leur propre histoire,
et je leur dirais : Lisez, et vous saurez comment
les révoltes contre l'autorité, ont excité la
vengeance divine et fait le malheur des nations
rebelles qui ont expié leurs crimes dans des
fleuves de sang; lisez, et le récit des malheurs
qui ont accablé les nations révoltées, vous
apprendront combien l'obéissance est nécessaire ; lisez, et vous me direz si les philosophes qui
ont prêché la révolte contre le trône, n'étaient
pas les plus grands ennemis du genre humain.
Ne sont-ce pas ces principes anarchiques qui
ont bouleversé les royaumes et les empires, et
fait le malheur de plusieurs millions d'hommes?

La vérité me presse, je ne puis la retenir
captive ; il faut que je m'explique. Ecoutez
encore les philosophes; lisez, et vantez leurs
ouvrages : voilà les leçons qu'ils donnent
et les maux qu'ils enfantent !.... Peuples de
la terre, prenez garde au langage séducteur
de la philosophie! Elle calomnie les Rois pour
renverser les trônes, et vous ensévelir sous
leurs ruines; elle vous flatte de l'indépendance,

(42)

d'une prétendue liberté ; la perfide vous forge
des fers ; elle vous flatte, mais pour vous
perdre. Cette furie hypocrite prend le masque
de la vérité, pour ne dire que des mensonges.
Son visage riant et badin charme et promet
la paix ; son cœur dépravé nourrit la haîne et
la vengeance ; ses paroles sont pleines de douceur, mais d'une douceur mortelle. Hideuse,
quand on la considère au grand jour, elle s'enve-
loppe de ténèbres pour mieux tromper les hommes et avoir la satisfaction cruelle de voir des
ruines, du sang, des flammes ; sortie des enfers
elle n'y rentrera satisfaite qu'après avoir bouleversé le monde. Jugez-la par ses œuvres ; c'est
au fruit qu'on reconnaît l'arbre. Qu'ils sont
coupables ces hommes pervers qui, imbus
de semblables principes, les propagent pour
détruire le gouvernement de leur pays ! Sans
doute, c'est pour le remercier des avantages
qu'ils trouvent sous sa protection. Qu'on
prenne garde à leurs perfides insinuations, à
leurs plaintes malignes ; ils ourdissent en secret ;
ils cherchent à indisposer les esprits contre le
trône pour faire le malheur de leurs semblables.
Une soumission feinte, un respect apparent ;
voilà ce qu'ils affectent pour atteindre plus
sûrement leur but. Si l'on ne connaît pas les
philosophes, les voilà tels qu'ils ont toujours
été ; voilà leurs actions et leur doctrine, dont

l'idée seule epouvante. Voulez-vous punir un peuple ? Donnez-lui ces philosophes pour maîtres et pour conducteurs. Mais si vous voulez sincèrement le bonheur de l'Etat, empêchez les sujets de se laisser prendre à leurs faux principes : ceci n'est pas seulement un conseil pour nous, c'est un devoir. (1) Au moment même où j'écris, ces principes anarchiques se propagent encore. Hâtons-nous d'en prévenir tous les effets; et si notre voix n'est pas assez forte pour remuer les consciences, faisons parler le ciel, et disons à tous ceux qui pourront nous entendre : « L'Eternel » a maudit et anathématisé quiconque ose » prêcher la révolte, quiconque est assez per- » vers pour y donner les mains ». La désirer même, est criminel. Que dis-je ? loin qu'un peuple ait le droit de se révolter contre son prince et son chef, son devoir est de mourir pour le défendre. Ce langage paraîtra surprenant dans un siècle où l'on compte pour rien la fidélité et le serment même d'être fidèle. Autrefois la fidélité était un devoir sacré, aujourd'hui c'est une convenance dont l'intérê et l'ambition décident. Autrefois, disait Cicéron même, on regardait le serment comme le

---

(1) Admone illos principibus et potestatibus subditos esse dicto obedire. *Tit.* 3, 1.

lien le plus fort pour empêcher les hommes de manquer à leur foi ; aujourd'hui c'est un jeu, on jure, on se parjure sans rougir, on ne pense même pas que ce soit un crime. Grand Dieu ! que nous sommes dégénérés ! la morale du jour est plus corrompue que celle des payens. O sainte religion, que sont les hommes, lorsque votre lumière ne les guide plus ?... Ce ne sont pas-là les leçons que vous donnez : que les hommes vous consultent, ils apprendront de vous qu'un peuple est lié à son chef; qu'il ne peut être délié de son serment que par son prince.

Rappeler aux sujets que l'obéissance envers les souverains est un devoir sacré, c'est leur dire, sans doute, qu'ils doivent à leur demande payer les impôts et fournir les hommes nécessaires pour soutenir l'Etat. S'ils pouvaient douter que ceci fût compris dans la soumission, je leur rappellerais que la religion même le commande : Rendez, dit-elle, rendez à chacun ce que vous lui devez : *Le tribut à qui est dû le tribut, les impôts à qui sont dûs les impôts* (1). Je leur rappellerais que Jesus-Christ l'a payé lui-même, quoiqu'il n'y fût pas obligé comme Seigneur de toutes choses;

---

(1) Reddite omnibus debita : cui tributum, tributum; cui vectigal, vectigal. *Rom.* 13, 7.

mais, disait-il à Saint Pierre, pour ne pas scandaliser (1) : Quelle leçon pour des chrétiens ! Oseraient-ils désormais refuser de satisfaire à cette obligation comme à un devoir, et pourraient-ils murmurer contre le prince qui les demande (2) ? D'ailleurs, tout homme raisonnable doit sentir que ce sacrifice est juste. On veut que le souverain nous défende de nos ennemis; qu'il fasse régner la paix dans l'intérieur ; qu'il veille à la conservation de la vie et des biens de tous ses sujets ; qu'il fasse rendre justice à qui elle est dûe : on attend tout cela de lui; on a raison, comme chef de l'Etat, c'est à lui qu'appartient le droit de veiller à tout, de conduire tout; mais pourra-t-il exercer cette immense surveillance, s'il n'a pas un trésor pour faire face aux dépenses qu'elle nécessite, s'il n'a pas à sa disposition des hommes pour exécuter ses ordres et son plan d'administration ? Non, personne ne le pense ; mais alors qu'est-ce qui doit payer les frais de l'administration, donner des hommes pour la défense de l'Etat, si ce n'est ceux qui en sont la cause, c'est-à-dire, les sujets ? Sans doute

____

(1) *Matth.* 17 , 23 , jusqu'à 26.

(2) Si enim censum Filius Dei solvit , quis tu tantus es , qui non putes esse solvendum. *S. Ambr., exp. évang. sec. Luc.* 24.

il se trouve des circonstances où les charges sont véritablement pénibles ; mais elles n'en sont pas moins d'obligation rigoureuse, et même plus elles pèsent, plus l'intérêt de l'Etat est qu'on les acquitte. Voilà ce que la raison seule nous apprend, quand la religion n'en dirait rien ; voilà ce qu'on ne refuse jamais, lorsqu'on préfère le bien public aux intérêts particuliers, lorsqu'on sait obéir, lorsqu'on veut véritablement la paix, lorsqu'on veut être chrétien.

L'obéissance que la conscience et l'intérêt, le ciel et la terre nous prescrivent envers les Souverains, ne doit pas être une soumission servile, mais soumission filiale ; elle ne doit pas être uniquement fondée sur la crainte, mais encore sur l'amour qu'on doit à son Roi. Si l'Evangile nous ordonne d'aimer tous les hommes, sans doute, il n'excepte pas ceux qui sont éminemment les images de Dieu et ses Lieutenans auprès des peuples. Loin de les excepter, il nous ordonne, au contraire, d'avoir pour eux un amour plus étendu et la raison souscrit avec plaisir à cette obligation. (1) On sent naturellement plus d'amour pour

---

(1) Regem igitur cole : sed eum *diligendo* cole.......
Hoc enim si facies, voluntatem Dei exequeris : ità enim præcipit lex divina : *Honora, fili mi, Deum et Regem.*
S. Théoph. Antioch. ad Autolyc. L. 1. N.° 11.

un père que pour un autre homme, et cela parce qu'on lui doit plus qu'à tout autre, et parce que Dieu a mis dans notre cœur je ne sais quelle affection pour nos parens. De même on doit aussi naturellement plus aimer son Roi, parce qu'on lui doit davantage. C'est lui qui veille à tous nos intérêts, c'est lui qui est véritablement le père de la société; on doit l'aimer d'un amour plus grand, parce que l'âme bien née sent je ne sais encore quelle tendresse pour celui qu'elle envisage comme l'image de la Divinité, comme son maître et comme son père. Ses défauts ne nous dispensent pas de ce devoir : l'âme raisonnable et sur-tout l'âme religieuse doit savoir qu'il n'est jamais permis de le haïr, de lui désirer la mort qœlle que soit sa conduite, comme prince, son caractére est sacré, et qu'il doit toujours trouver une place dans le cœur de ses sujets et particulièrement dans le cœur des Chrétiens. Ce sont là des vérités sensibles et sur lesquelles on devrait ne pas avoir besoin de parler et d'instruire : malheureusement on ne les connaît plus. Qu'on n'en soit pas surpris; quand on n'aime pas son Dieu, peut-on aimer son Prince ? Quand les philosophes font regarder à leurs adeptes, les Souverains comme des *tyrans, des monstres, des méchans privilégiés, des bétes féroces qui dévorent les Na-*

tions , comme l'écume du genre humain , est-il possible que les peuples si faciles à tromper , si faciles à porter au mal , souvent si corrompus , si peu instruits de leurs devoirs , si négligens à les remplir , ne s'irritent contre leurs maîtres , ne les détestent , ne les chassent de leurs empires , ou pour le moins ne les regardent avec mépris ou indifférence ?... Portera-t-on les hommes à aimer ce qu'on leur représente sous des traits si noirs et si perfides ? Je ne le crois pas. Pour faire aimer le trône, il faut persuader aux hommes que la Royauté est établie par Dieu même, que les Rois sont ses Ministres dans le temporel. Une fois persuadés de cette maxime ils respecteront et aimeront l'autorité, et jamais ils ne la méconnaîtront qu'en méconnaissant la religion qui la rend vénérable et sacrée.

Un peuple religieux se montrera toujours respectueux, soumis, fidèle et plein d'amour pour son maître; loin de chercher à se révolter, il n'en aura pas même la pensée. Disons plus , il fera lui-même tous ses efforts pour soutenir son chef, pour affermir son autorité, et s'il le faut, il saura verser son sang pour la cause légitime. Disons plus, comme sa religion lui rappellera que l'Eternel est seul le véritable appui des Monarchies et des Gouvernemens, il levera des mains suppliantes vers

le

le ciel, pour lui demander avec instance la conservation et la prospérité du trône. C'est encore un devoir des nations envers les têtes couronnées, et le principal moyen de rendre un État florissant. Des impies n'entendent rien à ce langage ; méconnaissant Dieu, rejetant sa providence, ignorant comment, non-seulement le monde physique, mais encore le monde moral dépend de lui ; ils ne comprendront pas comment l'homme peut et doit élever sa voix jusqu'au ciel, combien une humble prière a d'accès auprès de la Majesté Divine, comment elle peut influer sur la destinée des empires. Qu'ils soient incapables de sentir notre pensée, qu'ils s'en moquent même, je le veux ; quoiqu'il en soit, voici, ne leur en déplaise, ce qu'il faut cependant penser, et c'est une suite nécessaire de ce que nous avons établi en traitant l'origine de l'autorité.

Nous l'avons dit et prouvé : *Toute puissance vient de Dieu, les choses qui existent ont été établies par sa volonté.* Mais, qu'il me soit permis de le dire, Dieu n'abandonne point son ouvrage au hasard ; il veille toujours à la conservation de l'ordre qu'il a établi, et selon qu'il lui plaît, retire ou donne la puissance souveraine. Quand il s'agit de l'administration des états, les hommes pensent, désirent, projettent, mais Dieu seul dispose (1); lui seul atteint son but. (2) Puisqu'il est le souverain modérateur des Empires, puisqu'il les abaisse ou les élève à son gré, n'est-ce pas à lui qu'il faut s'adresser pour le prier qu'il protège les états, qu'il les préserve de toutes les révolutions, qui sont les fléaux des peuples ? N'est-ce pas à lui qu'il faut s'adresser pour qu'il protège le chef même de l'état, qu'il rende son règne prospère, qu'il lui donne la volonté de faire le bonheur de ses sujets, qu'il lui montre les moyens de les rendre heureux, qu'il lui donne le courage de l'entreprendre et la force de surmonter tous les obstacles qui s'y opposent? C'est ce que le grand Apôtre des nations comprenait bien, quand il écrivait à son disciple Timothée, et lui prescrivait, au nom de Dieu, la marche qu'il devait suivre dans le gouvernement de son troupeau. Voici comment il s'exprimait : « Je vous conjure, » avant tout, de faire des supplications , des » demandes, des prières pour tous les hommes, » pour les rois et tous ceux qui sont en dignité, » afin que nous passions une vie heureuse et

---

(1) Cor hominis disponit viam suam , sed Domini est dirigere gressus ejus. Prov. 16, 19.

(1) Attingit à fine ad finem fortiter. Sap. 8. 1.

» tranquille dans le monde (1) ». C'est donc à Dieu qu'il faut avoir recours pour obtenir la paix, pour obtenir la conservation des rois et des magistrats qui peuvent la procurer. Quiconque a de la foi dans la souveraineté et la providence de Dieu, sent que c'est à lui seul qu'il faut s'adresser pour la prospérité des choses humaines, et particulièrement pour le bonheur des empires, conséquemment pour le salut de ceux qui les gouvernent. Cette conséquence n'a pas besoin d'être développée; la prospérité de l'état est étroitement liée à celle du souverain; toutes les fois qu'on voudra rendre le Roi malheureux, le même coup accablera le peuple : l'expérience apprend ce qu'il en faut penser. Prier pour son roi, c'est prier pour soi même; le plus grand intérêt, l'intérêt général, nous oblige d'intéresser le ciel en sa faveur : mais indépendamment des avantages qui en résultent pour nous, c'est un devoir que la reconnaissance nous impose. Le souverain porte sur sa tête toute la responsabilité; il est chargé de la surveillance générale : quoi, il veille, il travaille pour nous,

---

(1) Obsecro igitur primùm omnium fieri obsecrationes, orationes, supplicationes pro omnibus hominibus, pro regibus et omnibus qui in sublimitate sunt ut quietam et tranquillam vitam agamus. Timoth. 2. 1.

et nous nous croirions dispensés de prier pour lui ! Ou nous ignorons les obligations que nous avons au chef de l'état, ou nous sommes des ingrats. A quoi bon raisonner ? La religion ne l'ordonne-t-elle pas (1) ? Ainsi je conclus que non-seulement c'est une convenance, un avantage, mais encore une obligation de conscience ; il serait honteux pour un chrétien de l'ignorer et criminel de ne le pas faire. L'obligation est si rigoureuse qu'on doit prier pour un prince, lors même qu'il serait impie ; le besoin même serait encore plus grand, comme on peut facilement le concevoir. Un chrétien qui ne prie pas pour son souverain, désobéit à Dieu qui l'ordonne, et condamne l'Eglise qui le pratique. De tous temps elle a prié pour les souverains des états qu'elle convertissait à la foi ; lors même que les empereurs payens la persécutaient, elle ne cessa jamais de faire des vœux pour leur salut temporel et éternel. Qu'on lise entre autre l'apologétique de Tertulien, chap. 3o, 5i, on verra quel était son esprit ; qu'on parcoure ensuite tous les siècles, on verra qu'il fut toujours le même ; qu'on lise, on saura comment elle a toujours reconnu non-seule-

---

(3) Offerant oblationes Deo cœli , orent pro vitâ regis et filiorum ejus. 1. Esdr. 6. 10. *Voyez Baruch.* 1, 11 , 12. *Ezech.* 45 , 17.

ment l'obligation de prier pour l'autorité ; mais encore de lui être soumis et fidèle, de la respecter en toute circonstance.

Conduits et guidés par l'Eglise, imbus de ces principes religieux, ses véritables disciples n'ont pas oublié leurs devoirs envers les souverains. On les a vu partager avec plaisir les charges publiques, se résigner à tous les sacrifices, défendre leur chef au prix de leur sang, et préférer mourir que de se révolter. Tels ont été et tels seront toujours les vrais chrétiens, tous les vrais disciples de l'évangile. Un trop fameux philosophe, Bayle, ce Pyrrhonien prétendu, dit dans un ouvrage : « Les chrétiens » ne troubleront jamais le repos public ; ils » n'entreprendront jamais de changer le gou» vernement, pourvu qu'ils suivent les prin» cipes de Jesus-Christ et des apôtres ; ils » n'entreprendront jamais d'exciter des sédi» tions et des brouilleries. » Je ne prétends pas m'étayer du suffrage de cet homme, l'impie ne sera jamais rien à mes yeux ; je cite seulement ces paroles pour montrer que l'ennemi de la vérité, est souvent forcé de lui rendre hommage. On le savait avant lui, que l'évangile ne fomentera jamais la révolte et qu'il faut *renoncer* à sa foi, quand on veut devenir séditieux et conspirateur. On le sait encore, seulement il serait à désirer qu'on le pratiquât mieux. Puissent ces réflexions rapides y déterminer les chrétiens qui pourront les lire (1). Nous avons écrit uniquement pour atteindre ce but ; sans doute , nous n'avons fait qu'effleurer la matière ; cependant, quelque légèrement traitée qu'elle soit, nous en avons dit assez pour éclairer ceux qui en ont besoin et cherchent sincèrement la vérité. Quant à ceux qui ne goûteront pas nos raisons , qui sont celles de tous les hommes sensés et religieux , il est inutile de leur parler plus long-temps, un gros volume ne les désabuserait pas davantage. D'ailleurs , nous n'avons pas intention de faire un traité complet sur ces principes ; nous voulons uniquement offrir aux âmes droites quelques réflexions capables de leur inspirer des sentimens respectueux et soumis envers l'autorité. Résumons donc, et appliquons nos principes.

---

(1) Les chrétiens doivent se faire un cas de conscience , s'ils ne rendent pas au Roi tous les devoirs dont j'ai parlé. Je m'étonne de voir fréquenter les sacremens par ceux qui ne reconnaissent pas l'autorité royale. Ils ont oublié qu'il y va de la damnation.

Résumé et application des principes.

Le bon gouvernement de la société, la bonne administration des états exige un chef qui soit dépositaire de la puissance nécessaire au maintien du bon ordre. La meilleure administration pour un peuple, est *sans contredit*, la monarchie. Quoi qu'il en soit, cependant il n'appartient pas aux peuples de se révolter contre les autres espéces de gouvernemens qui existent : toute puissance vient de Dieu, quel que soit le mode de l'exercer ; conséquemment, l'évangile veut qu'on respecte le gouvernement légitime de son pays, qu'on y soit soumis, fidéle et qu'on supplie le souverain modérateur du monde de le faire prospérer. Tels sont les principes qui regardent tous les peuples ; tels sont en général les devoirs des nations envers l'autorité qui les gouverne ; et pour en faire une heureuse application, tels sont en particulier les devoirs des Français envers leur Roi. Ce prince a droit à leur soumission, leur fidélité, leurs hommages. Sa majesté appartient à cette maison illustre qui régne depuis des siècles sur la France. Cette considération seule devrait nous rattacher à cette famille royale qui fut si long-temps chère aux vrais Français; que dis-je? qui n'a jamais cessé de l'être. Indépendamment de cette considération naturelle et honorable pour nous, nous avons une religion qui nous fait un devoir sacré de reconnaître l'autorité royale. Le ciel a parlé trop fortement pour y résister. Pendant plusieurs siècles le Seigneur nous a donné ces princes pour maîtres. Devenus impies, démoralisés, Dieu nous les retira dans sa vengeance; ils nous procuraient un bonheur dont nous abusions. Dieu lâcha la bride aux passions pour punir son peuple par leurs propres fureurs. Le père de la patrie fut immolé par une horde de scélérats pires que les antropophages; l'illustre rejeton de tant de Rois périt lui-même victime de cette fureur barbare, et les autres princes pour se soustraire à la mort, furent forcés de s'exiler loin du sol qui les vit naître. Là le maître des empires veillait sur eux, et attendait pour les rendre à la France désolée, que la France irreligieuse eût expié son crime par vingt-cinq

ans

ans de malheurs inouis et véritablement mar-
qués au sceau de la vengeance divine. Lorsque
la coupe fut épuisée, alors le Seigneur apaisé
commanda à l'ange protecteur du royaume, de
ramener au milieu des Français, le père de
tous ses sujets, un Roi véritablement désiré.
Il parut, il gagna tous les cœurs et fait concevoir le plus heureux avenir. Mais pendant
qu'on se livrait à la douce espérance du bonheur, le génie du mal qui ne s'endort jamais,
fait un dernier effort pour renverser une autorité qui promettait le véritable siècle d'or.
L'enfer furieux de voir que la religion va re-
prendre ses droits si long-temps méconnus et
indignement trahis par de vils flatteurs, l'enfer
désespéré vomit ses furies qui secouent les
torches de la discorde et de la rébellion, pour
former des traîtres. La conspiration éclate,
les méchans l'emportent et forcent leur souverain de fuir devant des sujets révoltés !....
C'était en vain que l'enfer voulait détruire
l'ouvrage du Très-Haut; Dieu voulait que
Louis regnât sur la France, héritage de ses
pères, aussi nous l'a-t-il rendu. La Providence
est sage et profonde, lors même qu'elle frappe
de plus grands coups : que fait-elle ici ? elle
permet aux méchans de réussir, afin qu'on
reconnaisse le bon grain; mais quand l'épreu-
ve est au point de faire connaître ce que chacun

vaut, elle dit aux rebelles, comme autrefois à la mer : *Vous viendrez jusque-là* (1). Effectivement, aussitôt à sa voix, des légions s'élancent d'un commun accord , sur les parjures, pour venger la cause sacrée des Rois , pour apprendre au monde qu'on ne se révolte jamais impunément ; des légions s'élancent, dissipent les rebelles et encore ramènent tout miraculeusement notre Roi légitime. Qui veut regarder ces événemens comme une chose naturelle , se trompe ; on ne peut s'empêcher d'y reconnaître le doigt de Dieu. Jamais l'histoire n'a présenté une double coalition , et si heureusement exécutée, comme celle que l'Europe vient de nous offrir ; elle est unique. Que les passions aient déterminé quelques cabinets à ne pas les rompre, soit ; mais Dieu s'en est servi pour atteindre son but ; c'est à lui seul que j'attribue l'événement et les résultats. Il me semble l'entendre dire à tous ces Empereurs et ces Rois qui sont ses véritables ministres : « *Allez relever le* » *trône de Saint Louis ; c'est moi le Seigneur* » *qui l'ordonne ; je veux que Louis soit le* » *souverain de la France* ». Quand une fois le ciel s'est prononcé d'une manière aussi for-

---

(1) Hùc usquè venies , et non procedes ampliùs. Hæc confringes tumentes fluctus tuos. *Job.* 30 , 11.

melle, oserait-on dire qu'on peut encore changer le gouvernement que la Providence nous
a rendu? Non, il faut désormais se conformer
aux ordres du ciel, reconnaître *Louis* pour
seul legitime souverain, lui rendre tout respect,
toute obéissance, tout amour, et faire des
vœux pour la conservation de son trône et
la prospérité de son règne : la religion nous
en fait un devoir; la reconnaissance le demande
et l'intérêt général l'exige.

Voilà ce que l'homme sage et chrétien doit
pratiquer. Le philosophisme ne le dit pas; mais
le philosophisme ne doit pas nous conduire;
c'est la religion. Plût au ciel qu'on n'en eût
jamais méconnu la voix, l'incrédulité n'eût
jamais renversé le trône et la France n'eût
pas été dévorée par ses propres enfans. Sages
du monde, prétendus philosophes! vous ne
fûtes que des athées anarchistes ; vous ne
travaillâtes que pour détruire; vous avez passé,
vous n'avez laissé que des ruines ; vous n'êtes
plus; mais vos principes égarent encore les
esprits. Malheureux destructeurs des sociétés,
venez réparer le mal que vous avez fait,
éclairer les hommes que vous avez trompés!
que dis-je ? il n'y a que la religion qui puisse
fermer nos plaies et guérir nos maux, en
nous rappelant aux vrais principes. Nous les
avons exposés, puissions-nous les voir goûtés.

Nous nous plaisons souvent à former ce vœu, parce qu'il remplit tout notre cœur ; puissions-nous les voir revivre dans tous les esprits. Bientôt on verra tous les Français unis à leur Roi, forts de leur religion, jouir des douceurs de la paix, de la prospérité, et faire comme autrefois l'admiration de tous les peuples ; et pour finir par une pensée digne d'un chrétien, nous les verrons parvenir à l'immortalité.